In 27 17489.

NOTICE

SUR

JULES-CHARLES RIEU,

DE SON VIVANT

PASTEUR DE L'ÉGLISE RÉFORMÉE FRANÇAISE
DE FRÉDÉRICIA, EN DANEMARK.

PAR **F. MONOD** FILS,

PASTEUR-ADJOINT DE L'ÉGLISE RÉFORMÉE DE PARIS.

Bienheureux est ce serviteur.
MATTH. XXIV, 46.

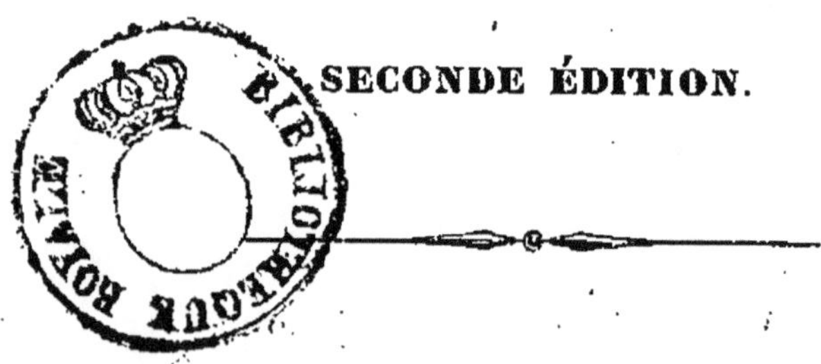

SECONDE ÉDITION.

PARIS,

J. J. RISLER, RUE DE L'ORATOIRE, N° 6.

1831.

Cette notice parut d'abord dans les Archives du Christianisme (Mars 1822) (1), et fut tirée à part. Elle ne se trouve plus depuis long-temps quoique souvent demandée. C'est ce qui engage à en faire cette seconde édition, sur laquelle l'éditeur appelle la bénédiction du Seigneur.

----

(1) Les Archives du christianisme paraissent le premier de chaque mois, par livraisons de trois feuilles d'impression, formant au bout de l'année un volume de 576 pages.

Le prix de l'abonnement pour l'année, est de 6 francs pour la France et la Suisse, *franco* jusqu'aux frontières; 9 francs pour l'Allemagne et les Pays-Bas, franc de port. Le montant de l'abonnement doit être payé d'avance, au Bureau des Archives, chez J. J. RISLER, libraire, rue de l'Oratoire, N° 6.

NOTICE

SUR

JULES-CHARLES RIEU, ETC.

———

CE qui suit n'est point une biographie, ni surtout un monument historique écrit en style de l'histoire; je n'ai à retracer aucune gloire, aucun succès selon le monde, je n'ai à parler d'aucun ouvrage, d'aucune invention, d'aucune action d'éclat, qui doive assurer à son auteur un nom chez la postérité et un intérêt général parmi les hommes du monde. Je ne veux que rappeler quelques traits de la vie courte, mais bien remplie, d'un chrétien fervent et modeste, *dont la vie était cachée avec Christ en Dieu*, et dont l'exemple peut être utile et édifiant. J'écris afin *que le juste ne meure point sans que personne y prenne garde*, non pour donner à Charles Rieu des louanges qu'il aurait repoussées de toutes ses forces durant sa vie, mais pour le présenter comme un monument de la Grâce du Seigneur, et en priant Dieu que ces lignes servent à enflammer le zèle des ministres de Christ, de ceux qui se préparent à son service, et de tous

ceux qui les liront, en leur montrant ce que c'est
que la foi chrétienne, quels en sont les fruits, et
quelle est l'efficace et la puissance du Saint-Esprit.
Je laisserai de côté tout ce qui ne contribuerait pas
à ce but que je me propose, et qui ne serait pas
d'un intérêt général pour tous les amis du Sauveur;
je me bornerai pour l'ordinaire à dire des faits et
y ajouterai peu de réflexions; elles se présentent
d'elles-mêmes en foule, elles se pressent dans mon
cœur et dans mon esprit; et lié, comme j'ai eu le
bonheur de l'être avec Rieu, et comme je le suis
encore, par des liens sur lesquels la mort n'a aucun
pouvoir, elles porteraient, je crains, trop fortement
l'empreinte du deuil que j'ai au fond du cœur.

Jules-Charles Rieu naquit à Genève, en août 1792,
d'une famille distinguée; son humilité et une grande
défiance de lui-même lui firent d'abord envisager
comme hors de sa portée une carrière pour laquelle
il sentait qu'il fallait des talents et une pureté de
foi et de sentiments qu'il ne se croyait pas. Plus
d'une fois, même après être entré dans la faculté
de théologie, il avait été sur le point d'y renoncer;
mais telle n'était pas la volonté du Seigneur, qui
voulait faire de lui un flambeau brillant dans son
royaume ici-bas, et déployer sur lui toutes ses misé-
ricordes, en le rendant mûr de bonne heure pour
les récompenses qu'il lui réservait, et il persévéra.
La lecture et la méditation assidue des Saintes-

Écritures, dont il fit bientôt tout son plaisir, et qu'il n'étudiait jamais qu'avec humilité et esprit de prière, le fortifia rapidement et de plus en plus; et du moment où, par la Grâce d'en-haut, il eut senti sa faiblesse, son impuissance totale pour rien faire par lui-même, qu'il eut appris à ne chercher de forces et de secours qu'auprès du Seigneur, à ne se considérer que comme un instrument qui n'est quelque chose que par la main qui le guide, de ce moment-là il se sentit supérieur à toutes les difficultés, il comprit qu'*il pouvait tout en Christ qui le fortifiait.* La carrière dans laquelle il entrait devint pour lui une source abondante de joie, d'espérances et de bénédictions; et il fut solennellement consacré au service de Jésus-Christ, brûlant d'un ardent désir d'exercer son ministère du moment où il plairait à son maître de l'appeler.

Cet appel ne tarda pas à lui être adressé. La place de pasteur de l'église réformée de Fréséricia, colonie de réfugiés français, devint vacante; et le consistoire adressa vocation à Rieu, en 1817. Sa fortune, la tendre et mutuelle affection qui l'attachait à sa famille, les nombreux amis qui l'entouraient, et dont quelques-uns même cherchèrent à ébranler sa résolution, la restauration d'une patrie qu'il chérissait, et qui venait d'être rendue à la vie et à la liberté, tout lui permettait, tout le sollicitait de se consacrer à l'église de Genève, et d'attendre tranquillement son tour d'y être placé; mais une voix intérieure, plus éloquente encore, lui criait que puisque le champ lui était ouvert, il devait mettre la main à l'œuvre et entrer incontinent dans la grande moisson des âmes. Il avait alors à peu près 25 ans. Il n'hésite plus; fortifié d'en-haut, il se rend maître de ses plus vives et plus légitimes affections; l'amour de Jésus est encore plus fort dans son cœur; véritable missionnaire, il quitte tout, et il part seul, pour aller au fond du Nord annoncer la bonne nouvelle de la rédemption par le sang de Jésus. C'est de ce moment surtout que commença à briller en lui cette vive lumière de Christ qui alla toujours en croissant, jusqu'à ce que, parvenue rapidement à son plus grand éclat, il fut jugé prêt pour le royaume éternel, auquel la meilleure partie de son être appartenait déjà tout entière.

Il avait appris que quelques-uns de ses paroissiens avaient à peu près oublié le français; il s'arrête trois mois à Goettingue, travaille nuit et jour et arrive à Frédéricia prêt à y prêcher la parole de Dieu en allemand. Son ministère ne devait pas durer plus que celui de son maître sur la terre; mais que n'a-t-il pas fait pendant les trois ans et demi qu'il l'a exercé!

Par la douce influence de ses leçons et de son exemple, et avec le secours du Seigneur, qu'il ne manquait jamais d'implorer, il avait déjà dans ce court espace de temps changé la face religieuse et morale de la colonie. L'ivrognerie était un vice trop fréquent au milieu d'elle; au bout de peu de temps Rieu fit mettre en vigueur et signer par tous les chefs de famille un réglement qui autorisait le consistoire, présidé par le pasteur, à priver l'ivrogne, qui persévérerait dans son vice après trois ou quatre avertissements successifs, de ses droits coloniaux pendant un certain temps; c'est-à-dire, que sa portion des terres données gratuitement par le gouvernement danois à la colonie, lors de son établissement en Jutland, était administrée pendant ce temps au profit de la communauté. L'application de ce réglement fut faite en 1821; un des colons fut privé ainsi du revenu de ses terres coloniales pendant trois ans, si je ne me trompe.

Quoique persuadé qu'un prédicateur ne doit pas négliger les talents qu'il a reçus de Dieu pour exposer la vérité avec puissance, Rieu l'était encore davantage que l'important d'un sermon n'est pas qu'il présente des phrases sonores et bien cadencées, qu'il soit écrit d'un style toujours scrupuleusement châtié, qu'il soit travaillé avec art sur un plan laborieusement conçu et habilement gradué; il croyait que la trop grande importance donnée à ces choses était ce que l'apôtre appelle *se prêcher soi-même*; pour lui qui *ne prêchait que*

Christ le Seigneur, selon le commandement qu'il en avait reçu, il mettait ses soins à présenter sans cesse à son troupeau les grandes vérités de l'Évangile et les grandes leçons de morale qui en découlent, avec autant de force et de simplicité qu'il lui était possible; et il était toujours éloquent, mais d'une éloquence chrétienne, bien différente de celle du monde. *Mon art oratoire,* disait-il, *c'est la prière;* paroles remarquables qui devraient être gravées dans le cœur de tous les prédicateurs de l'Évangile. Jamais il ne séparait la morale du dogme, ni le dogme de la morale; ces deux choses étaient liées et confondues dans son cœur et dans ses discours, comme le soleil et la lumière, et comme elles le sont dans l'Évangile. La chute et la misère spirituelle de l'homme, la nécessité d'un Sauveur, la rédemption opérée par le sacrifice expiatoire de Jésus-Christ, la justification par la foi en Christ, la régénération par le Saint-Esprit, le jugement, une éternité de bonheur ou de malheur; et comme conséquences, la repentance, la sanctification, l'observation de tous les devoirs; tels étaient les sujets de ses discours. Quoique je ne connaisse pas tous ses sermons, j'en connais assez cependant pour affirmer que tous, au nombre à peu près de deux cents, présentent toujours, au milieu d'une riche et heureuse variété dans les détails, dans les sujets et dans les points de vue,

le même fondement, *le seul* et unique qu'un chrétien *puisse poser, qui est Jésus-Christ.* Son ambition
n'était pas de faire dire qu'il prêchait bien; mais
de faire résonner la parole de Dieu aux oreilles du
pécheur, dans sa solennelle simplicité, d'éclairer
sa foi, de sanctifier son cœur, d'y exciter une repentance et un amendement à salut, et de l'adresser
à *l'agneau de Dieu qui ôte les péchés du monde.*
Il prenait le texte de ses sermons alternativement
dans un Évangile et dans une Épître, en suivant
régulièrement depuis le commencement, et pre-
nant des morceaux plus ou moins longs, selon le
sens et la richesse du sujet. De cette manière, il
gagnait le temps, quelquefois très-long, que les
prédicateurs emploient à déterminer leur sujet et
leur texte, il suivait, dans ses sermons, l'ordre que
l'Esprit-Saint a trouvé bon de suivre dans certains
livres de la Bible, et il était bien assuré, si le Seigneur eût prolongé sa carrière, de ne laisser aucun
sujet de côté, et d'annoncer, dans une certaine pé-
riode de temps, *tout le conseil de Dieu,* sans en rien
omettre, selon l'exhortation de l'apôtre. Les jours
de solennités faisaient exception : il prêchait alors
directement le sujet de la fête; et il ne comprenait
pas qu'un ministre de Jésus-Christ puisse monter
en chaire les jours de Noël, de Pâques, de Pentecôte, de communion, etc., sans annoncer directement les grandes vérités que rappellent ces fêtes de

l'Église. Le point de vue sous lequel il voulait traiter son sujet étant bien déterminé, il se mettait à genoux devant le Seigneur, et implorait le secours de son Esprit, en le priant de préparer lui-même la nourriture qu'il savait convenir le mieux aux âmes pour lesquelles elle était destinée; il prenait ensuite la plume, et écrivait avec feu et rapidité un sermon toujours utile, parce qu'il était plein de l'Esprit et de la Parole de Christ, de cette Parole *qui ne retourne pas sans effet* à Celui dont elle émane... Et ce même homme qui, un an auparavant, mettait des mois à élaborer péniblement un sermon, se mit tout-à-coup à en composer deux par semaine; car il prêchait le Dimanche matin en français, et l'après-midi en allemand. Il apprenait par cœur le premier de ces sermons, et lisait le second, n'ayant pas encore assez d'habitude de la langue pour oser s'en fier à sa mémoire. Pendant près de quatre ans il a constamment composé ces deux sermons chaque semaine; car il lui arrivait bien rarement, pour ne pas dire jamais, de répéter un ancien discours : il prétendait que cela donne à la prédication un air de métier; qu'il faut, le plus possible, se rapprocher de l'improvisation, et que le ton, la tendance, les détails, etc., d'un sermon, doivent varier selon les circonstances, qui ne sont pas parfaitement les mêmes à deux époques différentes. Il avait pris l'habitude, recommandée par Reinhard (1), d'être toujours en avance d'une semaine pour la composition. Il ne prêchait guère de sermon, soit français, soit allemand, que le suivant ne fût prêt dans son bureau, et n'était ainsi jamais laissé dans l'embarras par les accidents qui, dans la semaine, pouvaient l'empêcher de travailler. Il est vrai qu'il était levé dès quatre heures du matin, qu'il mettait à profit, en dispensateur fidèle, chaque quart d'heure de temps que le Seigneur lui accordait, et ne prenait que le repos strictement nécessaire à la réparation de ses forces et à la conservation de sa santé, dont, comme pasteur et comme fils, il croyait de son devoir de prendre soin. Le Dimanche était pour lui le plus beau jour de la semaine. Bien loin de partager l'espèce d'angoisse avec laquelle tant de pasteurs voient se succéder si rapidement les uns aux autres les sabbats de l'Eternel, Rieu les voyait toujours venir avec une joie dont la source était dans l'emploi qu'il en faisait. Dès neuf heures du matin il montait en chaire, et prêchait en français : il se rendait ensuite succes-

(1) *Lettres de F. V. Reinhard sur ses études et sa carrière de prédicateur ;* traduites de l'allemand par J. MONOD, pasteur de l'église réformée de Paris ; *avec une notice raisonnée sur les écrits de Reinhard,* par P. A. STAPFER. Chez *M. Monod,* rue du faubourg S.-Martin, N° 80, et chez *Cherbuliez,* libraire, rue de Seine, N° 57, à Paris. Prix : 3 fr.

sivement chez trois ou quatre personnes infirmes de son troupeau, condamnées depuis des années à ne pas quitter la maison, et célébrait chez chacune d'elles un service particulier. A deux heures il commençait son service allemand, à l'issue duquel il tenait chez lui une nombreuse école du Dimanche. Et enfin à six heures, l'apôtre ouvrait les portes de sa maison, et les fidèles s'y rendaient avec empressement, pour s'édifier encore par la lecture de la Parole sainte, et de nouvelles des progrès du christianisme sur la terre. Le jour du Seigneur ainsi employé et terminé, le fidèle pasteur priait encore pour ses brebis, et trouvait dans son cœur une douce et puissante récompense de ses travaux; véritable avant-goût des récompenses éternelles qui l'attendaient, et qu'il devait sitôt recevoir.

Dans la semaine, il avait, en hiver, toujours au moins deux de ces réunions du soir, si instructives et si édifiantes, et il donnait deux séances d'instruction religieuse à ses catéchumènes; il lisait la Bible avec quelques personnes qui le lui avaient demandé; il donnait des leçons de religion, de lecture, d'écriture, d'orthographe, d'arithmétique, etc., à un jeune maître qu'il formait pour l'école dont nous parlerons plus bas; il était un des membres les plus actifs de la Société Biblique de Frédéricia, à la fondation de laquelle il avait eu une grande part. Il n'est pas besoin même de dire qu'il faisait une étude assidue de l'Écriture-Sainte, en son particulier; cette lecture faisait sa joie et sa consolation : il avait, à la lettre, *faim et soif de la justice;* et cette nourriture était aussi nécessaire à son âme, que les aliments l'étaient à son corps. Il avait l'habitude de souligner les passages qui le frappaient plus particulièrement; et un de ses exercices favoris était de méditer la Parole, la plume à la main, verset après verset, en en tirant toutes les idées, les leçons et les vérités qu'il y voyait contenues (1). Il apprenait aussi chaque jour par cœur une portion du N. T. grec. Ce n'est que dans la Parole de Dieu lue avec simplicité de cœur, et dans la prière, qu'il puisait ses forces et ses moyens. Outre cette masse de travaux, il avait du temps à donner à un culte domestique régulier, soir et matin, dans sa maison, à la surveillance des travaux de son école, à la lecture et à l'extrait de quelques bons ouvrages de théologie, à quelques occupations extraordinaires, lorsqu'il les croyait utiles (2), et à une correspondance assez

(1) L'*Analyse de l'Épître de saint Paul aux Galates,* publiée en 1829, est un des fruits de cette méditation habituelle et approfondie que M. Rieu faisait de la parole de Dieu. Chez *Risler.* Prix : 75 c.

(Voyez *Archives du Christianisme ,* 13ᵉ année, p. 93.)

(2) Je ne puis m'empêcher de citer le trait suivant. Rieu

étendue, soit dans l'intérêt de son église, soit avec ses parents et ses amis, avec lesquels il conserva toujours les relations les plus suivies et les plus tendres. Toutes ses lettres étaient instructives, édifiantes et consolantes; c'était de véritables épîtres apostoliques (1). Que l'on ajoute à cela qu'il allait de maison en maison, avec un zèle qui ne s'est pas ralenti un seul instant, exhortant les pécheurs avec une entière franchise, consolant les malades et les affligés, fortifiant les faibles, portant partout avec lui les paroles et les bénédictions de Christ, et l'on aura une faible idée de l'emploi que

se trouva un jour dans la société de quelques officiers danois, en garnison à Frédéricia, et leur entendit faire contre les miracles, les objections ordinaires à l'irréflexion, l'ignorance et l'incrédulité. Il prit avec zèle la défense de l'Évangile; mais obligé d'employer l'allemand, il se trouvait embarrassé pour bien exprimer ses idées. Il demanda alors à ces Messieurs s'ils seraient disposés à lire quelque chose sur cette matière. Sur leur réponse affirmative, il se met à l'ouvrage, et au bout de quelques semaines il leur met entre les mains un traité allemand assez étendu sur les miracles, leur crédibilité, leur certitude, et la preuve qu'ils fournissent en faveur du christianisme. Cet ouvrage fut lu avec plaisir par la majorité des officiers, et sur quelques-uns il eut, par la bénédiction de Dieu, l'effet que Rieu avait uniquement eu en vue en le composant. Une copie en est parvenue à un professeur de théologie en Allemagne, qui, si je suis bien informé, a jugé utile de le publier.

(1) L'excellent *Choix de lettres chrétiennes*, publié par M. le pasteur GONTHIER, renferme quelques-unes de ces lettres. Chez *Risler*, libraire, rue de l'Oratoire, n° 6.

faisait ce fidèle serviteur du talent qui lui avait été confié. Il regardait l'instruction et la science comme des instruments honorables et utiles; mais il était persuadé qu'un ministre de Christ n'a pas trop de temps pour les études qui se rapportent directement à sa vocation, et surtout pour celle de la Bible, qui doit occuper la majeure partie de sa vie. Dévoué ainsi en entier à son ministère, il n'avait d'autre but, d'autre pensée, que de s'en acquitter fidèlement selon ses moyens; *sa nourriture était de faire la volonté de Celui qui l'avait envoyé;* sa vie était celle *de la foi;* il était toujours en présence du Seigneur; la terre n'était pour lui qu'un lieu de passage, d'épreuve et d'attente; et quelque jeune qu'il fût, il pensait habituellement au moment désiré où il serait *délivré de son corps de mort, pour être avec Christ, ce qu'il savait lui être beaucoup plus avantageux;* il *veillait et priait* sans cesse, pour être prêt *à quelque heure que le Fils de l'Homme jugeât à propos de venir;* il m'écrivait, lorsqu'il était encore plein de vigueur et de santé : « Étudions-nous, cher frère, à ne pas
« perdre un seul des instants que le Maître nous
« confie. Qu'il est court ce temps appelé la vie, et
« combien ne peut-il pas être plus court encore
« que nous ne pensons! N'en plaçons plus le terme
« loin de nous, plus à une année, plus à un mois,
« plus à une semaine seulement de distance; pla-

« çons-le au soir de chacune des journées où nous
« nous trouvons encore sur la surface passagère
« de ce monde. Vivons et agissons chaque jour
« comme si c'était le dernier de nos jours. Ce cal-
« cul ne nous trompera pas, et c'est la seule ma-
« nière de n'être pas surpris. »

Il écrivait cela le 15 mai 1821, et six semaines
après il n'y avait déjà *plus de temps* pour lui!

Je ne saurais exprimer ce que l'on éprouvait en
le voyant au milieu de son troupeau, entouré d'a-
mour, de respect et de confiance (1); quelle édification l'on puisait dans son entretien, toujours
plein d'aménité et de franchise, et toujours ra-
mené, de manière ou d'autre, à *la seule chose
nécessaire*. Quoique habituellement grave, il n'était
point étranger à une douce gaieté; et la paix de
Dieu qu'il avait au fond du cœur, lui donnait une
sérénité inaltérable. Doux, bon, affable envers
tous, tous ses discours comme toute sa conduite
portaient l'empreinte de sa foi et de ses espérances; ces sentiments se peignaient, si je puis m'exprimer ainsi, jusque sur les traits de sa figure, à

(1) Il ne peut pas y avoir de prédication plus éloquente que
la vue de la foi chrétienne dans sa pureté et sa simplicité,
mise en action, si je puis m'exprimer ainsi, dans toutes les
paroles, la conduite, les habitudes de celui qui la possède;
c'est le témoignage le plus beau et le plus persuasif rendu à
la vérité et à l'efficace de l'Évangile.

laquelle sa candeur et sa loyauté parfaites donnaient la plus heureuse expression. Ce n'était, à la lettre, *pas lui qui vivait, c'était Christ qui vivait en lui.*

Je ne parlerai pas de l'exactitude scrupuleuse avec laquelle il remplissait tous ses devoirs, non-seulement ceux de pasteur, mais ceux de fils, de frère, d'ami, de maître, et jusque dans les détails en apparence les moins importants ; elle est une conséquence nécessaire de tout ce que j'ai dit. Jamais il ne croyait avoir assez fait. S'il ne réussissait pas dans ce qu'il entreprenait, il en attribuait la cause à sa faiblesse et à sa misère qu'il sentait profondément. Réussissait-il, au contraire, il en donnait gloire au Seigneur seul. Son zèle ne connaissait de bornes que le nombre d'âmes sur lesquelles il lui était possible d'agir. La correction fraternelle était pour lui un devoir sacré, dont il ne manquait jamais de s'acquitter ; et avec tant de charité, de douceur, d'humilité, de conviction et de chaleur, qu'il produisait presque toujours les plus heureux effets.

Une chose essentielle restait à faire dans la colonie. Le maître d'école était un vieillard respectable par ses longs services, mais trop âgé pour remplir convenablement ses fonctions. Rieu choisit un jeune homme intelligent et pieux de son troupeau : pendant deux ans il travaille journelle-

ment à développer sa foi, et à lui donner l'instruction nécessaire; et au bout de ce temps, il
fait accorder une honorable retraite à l'ancien maître, et substitue le nouveau à sa place. — L'an-
cienne chambre d'école ne pouvait pas contenir la
moitié des enfants qui devaient y être instruits.
Rieu sentit vivement le besoin d'une école plus
grande et mieux organisée: il pria le Seigneur, et
mit à l'instant la main à l'œuvre, avec cette même
certitude de foi avec laquelle Noé bâtissait autre-
fois l'arche au milieu des terres. Il se vit bientôt
en butte au blâme; on l'accusa d'irréflexion et de
légèreté, lorsqu'on le vit faire creuser et poser les
fondements du nouveau bâtiment sur lequel repo-
saient de si chères espérances, tandis qu'il n'a-
vait pas, à la lettre, l'argent nécessaire pour
élever un seul pan de muraille sur ces fondements.
« C'est votre incrédulité, » répondait-il, « qui vous
« donne ces craintes. Nous faisons l'œuvre du Sei-
« gneur, le Seigneur nous fera trouver les moyens
« de l'accomplir; croyez seulement, et nous réussi-
« rons. » Il ne se trompait pas ; un appel fait à un
grand nombre d'églises réformées en Europe,
entre autres à celles de France, par la voie des
Archives du Christianisme (1), fut visiblement

(1) Voyez volume II (1819), page 169, et les remercîments
de la colonie, volume III (1820), page 330.

béni d'en-haut; et, deux ans après, un superbe bâtiment, construit en grande partie d'après les directions du digne pasteur, disposé pour une école d'enseignement mutuel, et pouvant contenir commodément deux cents élèves, promettait à la colonie une génération éclairée et chrétienne, et faisait la joie et l'orgueil de ces bons agriculteurs qui y avaient contribué de tous leurs moyens. L'école est située vis-à-vis des fenêtres du presbytère; et à tous les instants du jour, le bienheureux pasteur jouissait de son ouvrage, non pour s'en enorgueillir, mais pour bénir la main puissante et invisible qui l'avait fait prospérer. Ces sentiments se peignent dans l'inscription suivante, qu'il fit placer au-dessus de la porte, et dans laquelle il ne voulut pas même que l'on insérât le millésime, afin, disait-il, « que ce ne soit jamais « à moi que l'on soit tenté d'en rapporter la gloire « ou la reconnaissance. »

L'amour de Dieu l'a désirée ;

La prière l'a obtenue.

Au nom de Jésus-Christ, les Frères

Les plus éloignés ont répondu

A leurs Frères.

A Dieu seul soit la gloire.

Il n'est pas besoin de décrire la joie vive et pure avec laquelle Rieu voyait venir le moment d'ouvrir cette école à ses nombreux enfants. Je n'oublierai jamais l'accent avec lequel il me dit, en entrant dans le bâtiment de l'école, lorsque j'eus le bonheur de lui faire une visite au mois de juin 1821 : « Tiens, cher ami, vois ce que le Sei- « gneur a fait; c'est ici que j'espère, dans un mois, « me faire maître d'école; car je compte bien, s'il « plaît à Dieu, mettre tout cela en train moi- « même. O quelle joie! quelle joie! que le Sei- « gneur est bon! Bénissons-le ensemble, cher « frère! »

Il ne pensait pas alors qu'une joie plus grande encore lui était sitôt réservée.

Bien que je cherche à ne penser qu'à lui, à me pénétrer de la certitude et de l'étendue de son bonheur auprès de Jésus qu'il a tant aimé ici-bas, je ne puis m'empêcher de porter ma pensée aussi sur son troupeau, sur ses parents, sur ses nom- breux amis, sur moi-même, mon cœur se serre; et je sens qu'ici commence la partie pénible de la tâche que je me suis imposée. Je serai bref.

Dans le courant de l'hiver de 1821, il se dé- clara, à Frédéricia, une maladie dangereuse, qui, par je ne sais quelle raison, attaquait principale- ment les membres de la colonie, tellement qu'on l'appelait *la maladie des réformés* (1). Il en

(1) La population danoise de Frédéricia appartient à la confession d'Augsbourg.

mourut plusieurs. Rieu, aidé de la digne Madame H...., femme pleine de zèle et de vraie piété (1), était infatigable, soit auprès du lit des malades, soit au cimetière au bord des fosses

(1) Je crois devoir dire brièvement ici, que Madame H.... était une femme d'une cinquantaine d'années, à laquelle Rieu avait prodigué ses soins pastoraux pendant une maladie réputée long-temps mortelle. Dieu avait exaucé les prières du digne pasteur, c'est-à-dire que Madame H.... avait été rendue à la fois, à la santé et au Seigneur. Sa foi était pure et vive, l'Évangile était sa nourriture habituelle et Jésus son unique Sauveur. Six mois à peu près avant la mort de Rieu, les anciens du consistoire sollicitèrent Madame H.... de se mettre à la tête de son ménage. Rieu persuadé que la présence de madame H.... dans la colonie, aurait les plus heureux effets religieux et moraux, l'engagea à venir donner à Frédéricia les leçons de français et de dessin, qu'elle donnait dans une petite ville voisine, et consentit à lui céder une portion séparée de la maison pastorale, louée auparavant à un officier de la garnison. Il ne fut point trompé dans son attente ; Madame H.... avait pour lui les soins d'une bonne mère, et pour ses paroissiens ceux d'une bonne chrétienne ; elle faisait toutes les visites qu'il ne pouvait pas faire lui-même, ou pour lesquelles sa présence n'était pas absolument nécessaire, elle portait les consolations les plus douces aux malades et aux affligés, et ajoutait beaucoup au bien que Rieu faisait dans sa paroisse. Dans ces fréquentes visites, elle prit la maladie, et rendit en paix son âme à son Sauveur trois jours avant Rieu.

En quittant la cure de Frédéricia le 12 juin 1821, j'y laissai quatre personnes en parfaite santé, Rieu, Madame H... et deux domestiques ; le 28 toutes les quatre avaient *paru devant leur juge. Que celui qui a des oreilles pour entendre entende !*

qui s'ouvraient journellement pour recevoir quelque nouvelle victime. Là, comme Jean-Baptiste, Rieu criait à ses auditeurs, avec un accent de force et de vérité, que je crois encore entendre, de *fuir la colère à venir*, les conjurait de se *réconcilier avec Dieu par Jésus-Christ*, et les adressait à cet adorable Sauveur pour être guéris des plaies de leur âme.

Au commencement de juin, la maladie semblait avoir pris fin. Je passai deux jours avec mon bienheureux ami, et le quittai, le 12 au soir, à Christiansfeldt, communauté des Frères - Unis, que nous avions visitée ensemble. Mais les derniers et plus rudes coups du Seigneur n'étaient pas encore frappés dans la colonie. Le 21, Rieu sentit les premières atteintes de la maladie; il était prêt, et la mort était pour lui la messagère d'une bonne nouvelle. Qu'avait-il à craindre ou à regretter ? *L'Esprit de Dieu lui rendait témoignage, au-dedans de lui, qu'il était enfant de Dieu;* il savait *que le Rédempteur est vivant, qu'il n'y a point de condamnation pour ceux qui sont en Christ ;* et il se présentait devant son juge entièrement dépouillé de toute justice propre; mais *vêtu de la robe de noce,* saint de la sainteté de son Sauveur, et juste de sa justice. Il quittait ses parents et ses amis, mais c'était pour aller pour toujours auprès d'un ami meilleur, et plus tendre encore, dans le sein duquel il espérait revoir bientôt ceux qu'il précédait de quelques instants; il laissait sans conducteur visible son troupeau chéri, mais il le laissait entre les mains du souverain Pasteur, et il était sans inquiétude.

Il écrivit, le jour même, aux anciens de son consistoire une lettre que voici, sauf quelques lignes d'un intérêt purement particulier :

Frédéricia, le 21 juin 1821.

Messieurs et bien-aimés anciens, et bien-aimés frères de l'église française réformée de Frédéricia.

« Étant atteint aujourd'hui des symptômes d'une maladie qui a déjà couché plusieurs de nos frères dans le tombeau, je crois convenable de vous laisser quelques instructions essentielles pour le cas que ce pourrait être la volonté du Seigneur de me retirer à lui.....

« Tous mes papiers de toute espèce seront expédiés sans retard à ma famille; je bénirai le Seigneur, s'ils y puisent quelque édification.

« Maintenant, mes bien-aimés paroissiens, je n'ai qu'un seul mot à vous dire, c'est de vous répéter ce que vous devez savoir déjà, ce qui occupera jusqu'à la fin mes pensées ; c'est que je vous ai aimés, et vous aime à cette heure de toute mon âme; j'ai prié, et je prierai le Seigneur pour vous jusqu'au dernier souffle de ma vie. Je crois vous avoir témoigné mon affection en vous annonçant la parole de Dieu, telle que je la croyais en ma conscience et devant Dieu. Avant de vous préparer la nourriture qu'il m'était ordonné de vous donner, je me suis constamment jeté au pied du trône de grâce, pour supplier le souverain Pasteur des âmes, qu'il vous parlât lui-même par ma bouche, et ne permît pas que je misse une seule pensée de moi-même. Hélas! je le sais, sans mon incrédulité, le Seigneur aurait bien davantage accompli sa force dans mon infirmité, et vous aurait exhortés plus exclusivement lui-même. Cependant j'ai cette ferme et parfaite confiance, que celui qui m'a élu (moi, indigne créature, conçue et née dans le péché et la perdition, plus que mille fois mort et condamné par mes fautes et par mes péchés), est fidèle pour m'avoir donné de bâtir *sur le seul fondement, Christ crucifié,* et que sans égard aux grandes imperfections et aux souillures qui entachent en mille endroits mon œuvre, *il gardera mon dépôt jusqu'à la fin, et me sauvera dans son royaume céleste ;* et cela d'autant plus sûrement que je me couche à cette heure au pied de la croix, en faisant pleine et entière abnégation de tous mes mérites, qui ne sont tous, du premier au dernier, que *comme le linge le plus souillé ;* et déclarant solennellement devant Dieu que je reconnais Jésus-Christ, *Dieu béni éternellement,* pour mon seul Sauveur, qui, par le sang versé sur la croix, m'a lavé de toute iniquité et purifié par son Esprit, tellement que je puis subsister devant sa face en justice. Je me frappe la poitrine avec le péager, dans le profond sentiment de mes transgressions, et je crie comme le brigand crucifié et converti : *Seigneur, souviens-toi de moi dans ton règne.*

« Aussi la mort est-elle pour moi le plus beau moment de ma vie ; bien que je me sente pressé des deux côtés, pour instruire encore ces âmes que le Seigneur m'avait confiées ; mais, je le répète aussi du fond de mon cœur : *mon désir ardent tend à déloger pour être avec Christ, ce qui m'est beaucoup meilleur.* Certes, s'il me retire de si bonne heure, c'est encore une grâce pour laquelle je ne puis assez m'humilier devant lui, et chanter des cantiques de louanges. Qui étais-je, ô mon Dieu, pour que le combat fût sitôt terminé, *avant d'avoir résisté jusqu'au sang en combattant contre le péché?*

« Chers paroissiens, prenez-y garde ; je vous ai annoncé le conseil de Dieu ; il est vrai (et je m'en humilie et j'en pleure devant la croix), avec beaucoup trop de faiblesse et de crainte des hommes; surtout ma conscience me reproche de n'avoir pas assez imité l'exemple de l'apôtre, en exhortant chacun de vous en particulier, de maison en maison; mais néanmoins vous pouvez me rendre témoignage que je n'ai jamais eu honte de Christ crucifié, en vous proposant sa Parole du haut de la chaire. Son règne est donc venu à vous; les voûtes du temple l'attesteront. Oh! que j'aurais voulu que tous l'eussent écoutée cette Parole de vie, qui seule peut sauver vos âmes! Combien il m'eût été doux que plusieurs se fussent convertis à Christ! Écoutez, écoutez sa voix *pendant qu'il est jour;* je vous le crie du fond de mon tombeau. Si vous ne l'écoutez pas, vous ne seriez pas mieux convertis *quand un mort sortirait devant vous de sa tombe.* Le ciel et la terre passeront, mais cette Parole ne passera point. O Christ! sauve-les et prie pour eux, comme tu as daigné prier pour moi.

« Adieu donc, chers paroissiens, je vous recommande à Dieu et à la parole de sa Grâce; veillez et priez, *car encore un peu de temps, et Celui qui doit venir viendra* pour vous. Nous nous verrons dans peu devant le tribunal de Christ.

« Si le temps me le permet, j'écrirai aussi à mes chers parents et à mes bien-aimés amis en Christ, sinon ils sauront que j'en ai eu l'ardent désir, et vous leur communiquerez ces lignes. Oh! que la grâce et la paix reposent en eux! et qu'ils songent tous *qu'ils vont passer de ce monde au Père;* qu'ils se hâtent donc de s'attacher à Christ *qui est la lumière du monde*, la résurrection, le chemin, la vérité, la vie. — Adieu aussi à ma bien-aimée sœur H...., si elle me survit et échappe à la dangereuse maladie qui l'accable à cette heure. Je la recommande aussi à la grâce du Seigneur en qui elle a cru, et qui l'a sauvée. Je la recommande en ce monde à mes chers paroissiens et à ma bien-aimée famille, pour qu'ils lui rendent l'existence aussi douce que possible. Je lui dis : adieu, nous ne sommes point séparés. — Je supplie mes parents de se donner toutes les peines possibles pour envoyer un pasteur à ma place dans cette église. — Jusqu'à mon dernier souffle je prierai Dieu pour vous tous, que j'aime de la plus tendre affection. — Que la grâce et la paix soient et reposent en vous dès maintenant et jusqu'au jour d'éternité! Je reste profondément touché de toutes les marques d'attachement que vous m'avez données.

« Votre dévoué pasteur, CHARLES RIEU. »

Il se mit au lit le 22 et écrivit le dimanche 24 juin, au crayon, le journal suivant :

Journal adressé à ma famille, pour la mettre au courant des événements concernant ma maladie, dans le cas où le Seigneur me ferait la grâce de me retirer de ce monde. Il sera expédié conjointement avec la lettre rédigée le 21 au soir. (Dimanche 24 juin 1821.)

« Je ne voulais nullement vous inquiéter, chers parents, en vous parlant de la maladie contagieuse qui avait régné ici cet hiver, et qui a redoublé au printemps, moissonnant surtout des pères et mères de famille à la fleur de leur âge. Pendant mon séjour à Copenhague, plusieurs ont été enlevés. Cependant le médecin persistait à affirmer que la contagion était peu considérable; néanmoins je prenais les précautions indiquées, de ne pas rester très long-temps chez les malades, de me laver le visage et les mains avec du vinaigre; madame H.... de même; mais elle allait quelquefois, jusqu'à trois fois quand ils étaient très-mal, et que le temps des fêtes de la Pentecôte ne me laissait que très-peu de temps de reste, joint aux fréquents discours à prononcer sur les tombes. C'est donc elle qui est la première tombée malade, à l'époque de la première communion, précisément au jour que nos amis Monod vinrent. Mais nous ne soupçonnâmes pas alors que ce pût être la maladie régnante, vu que notre sœur fut parfaitement rétablie le lundi et surtout le mardi, au point de pouvoir faire la petite course de Christiansfeldt. Mais au retour il fallut gagner le lit. Confiée entre mes mains de la part du Seigneur, il est clair que

mon premier devoir était de soigner madame H....
comme une sœur; et bien plus dans l'éloignement,
dans cet isolement et ce dénuement d'amis, ayant
eu peu d'affaires encore avec le monde de Frédéricia. Elle semblait le dimanche aller beaucoup
mieux; nous célébrâmes ensemble la cène en particulier. Mais hélas ! depuis midi il survint un
changement subit dans la maladie, un engorge-
ment dans la poitrine nécessita les sangsues et la
saignée; j'écrivis alors un mot aux amis Monod,
les priant de ne rien dire, pour ne pas vous inquiéter sans utilité. Les jours suivants n'ont pas
été meilleurs, ou plutôt ont été toujours en empi-
rant. Le jeudi matin je crus ressentir pareillement
un peu de pesanteur dans la tête; mais que je de-
vais naturellement attribuer à quelques veilles, et
que le repos était suffisant pour réparer. Sur l'au-
torisation du médecin, j'attendis le lendemain
avant de prendre l'émétique d'usage au commencement de ces maladies. Mais le lendemain, tous
les symptômes ayant augmenté, je me mis au lit,
et pris par ordonnance du docteur un émétique
qui me fatigua extrêmement pendant plusieurs
heures et me fit tomber dans une grande faiblesse;
à l'effet du vomitif succédèrent des mixtures, dont
je ne vous ennuierai pas; bref, je voulais m'en-
tretenir avec vous depuis mon lit, si telle est la
volonté du Seigneur que je ne le fisse plus autre-

ment. Je veux que vous vous persuadiez bien, bons parents, que je n'ai rien négligé de tous les moyens que Dieu m'offrait, pour rétablir ma santé. Je l'ai répété à mes braves anciens qui sont, comme vous concevez, en grandes alarmes. Je regarde comme mon premier devoir, de faire de point en point tout ce que le médecin ordonne, précisément par cela même qu'ayant très-peu de confiance dans les hommes, je ne considère le médecin choisi dans ce lieu, qu'il soit de réputation ou non, que comme un instrument entre les mains de Dieu, par lequel il exécute sa volonté à l'égard de chaque malade. A cet égard, je n'ai absolument aucune inquiétude du tout. Le principal caractère de cette maladie est une perte totale des forces, et souvent des rêveries; jusqu'à présent je n'ai pas eu grâce à Dieu de ces dernières, car elles détournent les pensées de la seule chose nécessaire, de la seule consolation. Nous nous sommes séparés vendredi matin avec notre bonne sœur, à qui j'avais pu jusque-là faire quelques visites, quand la prudence ou mes occupations me le permettaient. Cette pauvre femme est encore aujourd'hui entre la vie et la mort, elle prónonce peu de paroles qui aient quelque sens. Je ne puis pas dire que je ressente la moindre douleur. Le médecin (aujourd'hui dimanche) me trouve mieux; toutefois, comme il y a tant d'exemples où le danger a reparu tout à coup à l'improviste, je ne regretterai dans aucun cas d'avoir, par amitié pour vous, barbouillé ces feuilles. Mon âme jouit d'une paix et d'une joie inaltérable. Si quelque chose me faisait surtout parier pour mon rétablissement, c'est l'immensité de la grâce qui serait attachée pour moi à un si prompt rappel, avant presque d'avoir combattu. Ici je m'écrie plus il semble que pour toute autre grâce, car celle-ci y met le comble. Qui suis-je, moi, la plus indigne et la plus souillée des créatures, qui suis-je, pour que tant d'amour me fût accordé! J'en devrais sans doute plus de reconnaissance que pour toute autre grâce; je n'ai absolument rien fait pour la mériter; mais que dis-je! plutôt tout, tout, tout n'est-il pas absolument gratuit?... Il me sera doux de vous dire de temps en temps de petites phrases bien rapides, cela me rapproche de vous; et de vous parler de Dieu, car c'est lui seul qu'il faut voir en toute cette œuvre et apprendre à écouter sa voix et à la suivre.

« Je viens d'être touché d'un petit moment d'entretien avec mon jeune élève, qui est entré à la cure avant de se rendre au temple; il me témoignait si naïvement l'intérêt d'eux tous à ma maladie. « Que deviendrons-nous si le Seigneur vous retire? » Je lui ai répondu comme aux anciens, qu'il pouvait compter que je ne refuserais jamais le combat lâchement, et que j'étais prêt à charger ma croix encore aussi long-temps qu'il plairait au Seigneur; que mon unique prière était celle de mon maître : *Que ta volonté soit faite !* et que je regarderais une telle grâce du Seigneur, comme beaucoup trop signalée envers un misérable pécheur tel que moi, pour pencher facilement à supposer un si prompt rappel, après un si court combat. De même le brave Favre a suivi tout en larmes, et m'a bien compris, quand je lui disais que si je venais à témoigner de la joie à la pensée de ma délivrance, ce n'était nullement par lâcheté, ou par manque d'affection pour eux.

« Plus tard. — Quelques symptômes un peu plus graves ; même calme d'âme. Je sais en qui j'ai cru. Je m'avance avec une joie indescriptible dans la sombre vallée ; car je m'avance vers Jésus, vers mon Dieu, vers le Christ, qui a vaincu pour nous. Toutes ses promesses viennent converger en un point, pour inonder mon âme d'une allégresse que je ne ressentis jamais.

« Non, il ne nous a pas trompés.

« Heureux ceux qui ont cru sans avoir vu ! Je vais le voir tel qu'il est. Je le vois déjà. Je sens sa main qui appuie toutes les parties de mon âme ; à mesure que cette boue tombe, l'homme intérieur se renouvelle, je vais être changé en son image, lui être semblable !

« Là où nul deuil......

« Que je voudrais faire passer cette joie dans vos âmes ! Mais c'est là que vous la puiserez et déjà c'est Lui qui vous consolera, car je ne suis point séparé de vous ; au moment où je m'endors ici, je vois venir avec vous le Christ sur les nuées.

« Endormez-vous tous en lui. — Adieu à tous ; ô mes bien-aimés ; un peu d'espérance !— Il arrive donc cet instant fortuné après lequel j'ai tant soupiré, dont je faisais habituellement mes plus chères délices ! Oh ! que tu es bon, Seigneur ! — Ta face rassasie de joie. — Résurrection et vie ! — Éternité, Éternité avec Jésus ! — Tant aimé sans l'avoir vu ! — Que sera-ce ! — Je succombe ! — O Sang ! — O Croix !

« Quelle paix que cette dernière parole au brigand : *Tu seras avec moi aujourd'hui !*—Joie, joie sans fin ! — Rassasiement de délices ! — Pour jamais celui que notre âme aime...... Entonnons les cantiques de l'Agneau, avec les dix mille millions qui les comprennent, qui ont appris le cantique nouveau. A celui qui nous a sauvés..... Devant son trône......

« Je brûle !

« Quand percerai-je cette écorce de chair ? Plus qu'un peu de temps ! — Oh ! qu'il est bon ! — Ne pleurez pas, mes amis.

« La dernière chose qui pouvait encore légèrement oppresser ma conscience, était un avertissement à faire à des pécheurs reconnus ouvertement, que j'avais dû négliger par suite des dernières circonstances. Je viens de les faire admonester par l'organe de mes anciens, en sorte que je m'assure que leur sang ne me sera point imputé.

«Ma paix est dès maintenant pure et parfaite, et sans mélange; ma joie surpasse toute intelligence. Je ne cherche à vous la communiquer qu'afin que vous soupiriez après elle. On ne la trouve sûrement pas dans les cercles bruyants du monde, et la route n'en est nullement tracée par les philosophes du siècle. Non, non, c'est toi seul qui la donnes, ô Dieu, Dieu sauveur, Dieu consolateur !

« Loué, loué, loué à jamais le nom de ta gloire !

« Tendre mère, cher oncle, chère tante, chers frères et sœurs, neveux et nièces, amis en Christ, nous ne sommes point séparés. — Nous nous verrons bientôt.

«Toujours dimanche matin.—Je ne récrirai plus rien jusqu'à demain. » (Ici se termine le journal.)

Je n'affaiblirai pas les sentiments que fait éprouver cette lecture, en cherchant à les exprimer; je rappellerai seulement, que celui qui écrivait ainsi, trois jours avant une mort qu'il prévoyait, n'avait pas 29 ans, et voyait devant lui une existence utile, douce et heureuse, même selon le monde. Le lundi 25, il tomba dans le délire, et le jeudi 28, à une heure et demie du matin, son âme *entra dans la joie de son maître.* Peu de jours après, l'article suivant parut dans un journal à Copenhague, sous la rubrique de Frédéricia (1):

« Le 28 juin, la colonie française réformée de Frédéricia a éprouvé une perte douloureuse, par la mort de son bien-aimé Pasteur, M. Rieu, de Genève. Au bout d'environ quatre ans de séjour, il a été enlevé, à l'âge de vingt-huit ans, par une maladie contagieuse, qui a régné long-temps dans la communauté, et pendant laquelle il a journellement, et du matin au soir, prié pour les malades, en leur portant des secours et des consolations.....

« Une bienfaisance sans bornes en faisait le père des indigents ; par ses leçons, sa prédication, ses exercices multipliés de dévotion chez les malades, les vieillards, les pauvres et les ignorants, il s'est montré un vrai Pasteur des âmes, dans l'acception la plus noble et la plus étendue de ce mot.

« Pour se vouer à sa sainte vocation, et travailler au bien de son troupeau, il a fait le sacrifice volontaire de toutes les joies de ce monde.

« Même après sa mort il a été le bienfaiteur de sa communauté, en lui léguant la moitié de sa fortune. Outre le monument invisible qu'il laisse de

(1) Un ami de Rieu, M. É. P. Rosendahl a publié, en 1822, à Copenhague, une notice danoise, sur l'ami qu'il pleurait avec tous ceux qui l'avaient connu.

lui au fond de nos cœurs, il en a élevé un visible à côté de son tombeau : c'est un superbe bâtiment pour l'école, lequel est uniquement dû à son infatigable activité, qui lui procura, pour cette construction, des secours de tous les pays protestants de l'Europe. Il est mort au Seigneur, et sa dépouille repose loin du pays qui l'a vu naître ; mais dans cette commune *patrie*, où aspiraient toutes ses pensées, tous ses désirs, il est suivi de ses œuvres, élevé au-dessus de toute louange humaine, quoique accompagné des larmes de la reconnaissance. »

Le 14 août, les anciens écrivirent à la famille de Rieu, à Genève, une lettre touchante, dont voici l'extrait :

« . . . . . . Nous ignorons si les visites assidues que notre digne pasteur faisait auprès des malades, ont été la cause de sa maladie ; cependant nous prenons Dieu à témoin, que nous avons fait tout ce qui dépendait de nous pour l'en garantir. Le docteur-professeur en médecine, ainsi que les autres médecins de la ville, ont été appelés à son secours. Nous l'avons veillé jour et nuit, par deux hommes et une femme des familles les plus distinguées d'entre nous, et nous pouvons assurer en conscience, que depuis le vendredi 22 juin, jusqu'à l'heure de sa mort, qui eut lieu jeudi 28 juin, à une heure et demie du matin, on ne l'a pas quitté, moins encore la chambre, afin de le soigner selon les ordres des médecins. Mais *les voies de Dieu ne sont pas nos voies, et ses pensées ne sont pas nos pensées.* Enfin, notre digne et bien-aimé pasteur s'endormit tranquillement en paix.... Oui, *il est mort de la mort des justes, et sa fin fut semblable à la leur ! !* ... Nous ne sommes pas en état de vous tracer, par la plume, la grande sensation que la mort inattendue de notre digne et bien-aimé pasteur produisit sur la communauté, ainsi que sur les familles les plus distinguées des autres communions de la ville. Aussi la magistrature, les pasteurs luthériens, le pasteur catholique, le catéchète juif, les régents des écoles, et un grand nombre de personnes distinguées, assistèrent-ils à ses funérailles, qui eurent lieu le 2 juillet à midi ; ils s'y trouvèrent sans invitation, pour marquer la part qu'ils prenaient à notre grande perte. On fit sonner les cloches des églises luthériennes, à notre insu, pour témoigner leur affection, en lui rendant les derniers devoirs. Douze jeunes filles (confirmées à Pâques passé, par leur digne défunt pasteur), en robes blanches et rubans noirs, ouvrirent le convoi et chantèrent, tandis qu'on descendait le cercueil dans la tombe, quelques strophes convenables à cette action lugubre. Plus de trois cents personnes entrèrent ensuite dans le temple ; les douze jeunes filles, rangées au parquet, entonnè-

rent quelques strophes, accompagnées alternativement des orgues bien lugubres. Enfin, l'ancien
pasteur luthérien se présenta, et fit une oraison
funèbre telle que tout le monde en versait des
larmes. L'action finit par la prière et le chant de
quelques versets choisis. Les anciens firent les
honneurs au portail du cimetière. Notre pasteur
avait désiré que le cercueil fût couvert d'un drap
noir, et nous l'avons fait conforme à sa volonté et
à la manière de son pays (1). La communauté a
porté le deuil pour son pasteur pendant quatre
semaines, surtout dans nos assemblées au temple.
Sa perte a été déplorée par des pleurs et des san-
glots sans fin.

« Ainsi, Monsieur, il ne nous reste qu'à former
les vœux les plus ardents d'être assez heureux pour
voir remplacer notre digne et zélé pasteur..... Nos

(1) M. Rieu avait long-temps déploré le luxe que l'on déploie
en général en Danemark, dans la confection des bières. Elles
sont ciselées, peintes en noir, quelquefois enrichies de plaques
d'argent, parce qu'on les porte au cimetière sans les recouvrir.
Rieu s'était opposé en vain à cet usage très-onéreux pour
plusieurs de ses colons. Le jour où il tomba malade, il fit pro-
mettre à ses anciens que si le Seigneur le retirait, ils l'enterre-
raient dans une bière très-simple, qu'on recouvrirait d'un drap
noir acheté à ses frais, et qui resterait ensuite à la communauté
pour le même usage. Quel pasteur que celui qui au moment
de quitter ce monde, s'occupait encore avec de pareils détails
du bien de ses paroissiens !

larmes coulent encore, et le souvenir de ce bon pasteur de nos âmes sera toujours cher à nous et à nos enfants..... »

Quelle vie! Quelle mort! Quel deuil! La volonté du Seigneur soit faite! Que ses pensées sont différentes de nos pensées, lorsqu'il rappelle si promptement à lui un serviteur fidèle, dont nous aurions certainement cru bon de prolonger indéfiniment les jours, si nous l'avions pu! Mais ce n'est pas sur lui que nous devons pleurer. Si Dieu nous en donnait le pouvoir, aurions-nous la cruauté de le rappeler sur cette terre? Oh non! Le Seigneur lui a dit, *viens*, et il est allé vers le Seigneur, *et il sera toujours avec le Seigneur! Il a la vie et plus que la vie.* Une pareille mort, une grâce si remarquable, couronne l'idée qu'il avait donnée de sa fidélité. Qu'il est heureux! C'est la pensée que son souvenir ramène sans cesse. *Oui pour certain, dit l'Esprit, car il est mort au Seigneur et ses œuvres le suivent.* Bienheureux celui à qui Dieu donne une pareille foi, un pareil cœur et réserve une pareille fin! Que Dieu notre père et Jésus-Christ notre espérance nous fassent la même faveur à quelque heure et par quelque voie que ce soit, à moi qui trace ces lignes et à vous lecteurs, mes chers frères, qui je m'assure ne les avez pas parcourues sans émotion, et sans élever fréquemment vos cœurs *à l'Auteur de toute grâce excellente et de tout don parfait.* Si nous trouvons que Rieu a *choisi la bonne part*, faisons comme lui et *elle ne nous sera point ôtée.* Marchons dans la même route; elle est ouverte à tous, Christ nous appelle tous, il a *versé son sang en rémission des péchés; croyons en lui et nous serons sauvés.* —Dieu nous en fasse la grâce! Seigneur, envoie de semblables ouvriers dans ta moisson! Seigneur, *ton règne vienne!* Et à toi, Seigneur Jésus, à toi Dieu Sauveur, *qui nous as aimés, et qui nous as lavés de nos péchés dans ton sang,* soit la louange et la gloire aux siècles des siècles! AMEN!

FIN.

IMPRIMERIE DE A. FIRMIN DIDOT,
RUE JACOB, N° 24.